JN409076

김세인

궁미디어
GUNGMEDIA

만산일화萬山一花

발행일 2014년 6월 30일 발행인 정상철 저자 김세인
발행처 궁미디어(충남대학교출판문화원)
주소 대전광역시 유성구 대학로 99
전화 042-821-6045 홈페이지 cnupress.cnu.ac.kr
E-mail cnupress@cnu.ac.kr

ISBN 978-89-7599-512-5 03810
정가 8,000원

만산일화
萬山一花

차례

1부

2부

3부

4부

1부

유심무심有心無心

유심으로 보면
산은 산이요
물은 물인데

무심으로 보면
산이 물이요
물이 산이라

불립문자라 하였으니
다름이 아니겠지만

생사문 닫으면
다시
돌아가겠네

입멸立滅

어느 보살은
가부좌로 경계를 넘고
어느 스님은
물구나무로 열반에 드는데

나,
해운대행 열차에 몸을 싣고
이런저런 풍경을 떠올리면서
인연에 취하고
추억에 뒤척이다가
청도 지나 꿈꾸듯 입멸하면
눈 맑은 어느 선인善人이
달맞이고개 마주한 동백섬이거나
먼 바다 보이는 신선대 어디쯤에
모른 듯 풀어주었으면

한 사흘, 해풍에 몸을 절이고
한나절, 해변을 서성이다가
해넘이 바라보며
하얗게 흩어졌으면

홀짝의 노래

홀이 외로움의 기쁨이라면
짝은 함께하는 외로움이다

바람의 갈망이 홀이라면
들꽃의 소망은 짝이다

홀이 속살 우려낸 겉멋이라면
짝은 겉살 풍기는 속맛이다

하늘은 홀의 공간이고
대지는 짝의 세상이지만

영원한 홀도 없고
영원한 짝도 없다

하나이며 둘이고
둘이며 하나이다

한라를 오르며

어둠을 깨워 관음으로 향한다
세월에 늘어진 몸을 채근하며
젖은 산길을 오른다
폭우에 쓸린 들풀처럼
마음이 뭉개져 있을 때
몸은 언제나
친구가 되고 둥지가 된다

한 시절 희망이었던 절망을
진땀으로 훔쳐내고
색 바랜 인연들을
칼손으로 도려내며
태고의 혁명이 잠들어 있는 곳
수평을 거부하는 오름을
매운 눈으로 바라보며
한라를 오른다

어둠을 사르며 치솟던 불길은
생활의 터전이 되고
바다를 가르며 흐르던 용암은

생명의 뿌리가 되었으니
먼 바다 오가는 철새들이 젖은 날개를 말리고
항구의 불빛은
거친 욕망을 쉼 없이 불태웠으리라

수평이 영원의 길이라면
수직은 찰나의 외길
중력을 거부하는 이 발길도
언젠간 허물어지겠지만
하늘 향해 곧게 선 저 오름을
뜬 마음으로 내려다보며
한라를 오른다

몸과 마음의 심리학

공 굴리는 아이들
마냥 즐겁다
몸 따라 맘 가고

공空 구하는 수행자들
또한 즐겁다
맘 따라 몸 가고

몸 앞세운 선남들
아련한 웃음 짓는데
망설이는 선녀들
맘 열려야 몸 가거늘

한없이 비우며 채우고
쉼 없이 세우고 허물건만
언제 하나 되려는지

지나는 바람에게 물어본다
몸이 맘 인가요
맘이 몸 인가요

고사목枯死木

사랑 찾아 헤매다가
산사 입구에 둥지 튼 호반새 한 쌍
목숨 긴 개구리를 횃대에 툭툭 치며
부지런히 둥지를 오간다

한 시절 푸르게 엮던
고사목이 내어준 검게 탄 가슴 한 켠
저녁놀이 어스름히 비추고
하나, 둘
서툰 날갯짓으로 이소하는 날
범종소리도 푸르게 드높았는데

빈 가슴이 허허했는지
거친 장마에 물러진 겉살 쓸어내리며
몽실몽실 피어난 느타리버섯
공양보살이 한 아름 보듬고
합장하며
소반에 올려놓는다

학봉리 풍경

태토를 백토로 분장하고
모란 국화 새기며
백학을 날리던 불가마는
대지에 잠들고
묵밭의 사금파리는
설운 사연을 반짝이는데

앵화가 가마골 밝히는 봄날
꽃불 따라 선남선녀는
애닮은 인연을 다듬질 하며
사랑길 만드는데
마을 지키는 백구는
쉰 소리로 봄을 쫓는다

* 학봉리 : 충남 공주 소재. 분청사기 도요지

철화분청

기교한 상감의 향연을 지나
거칠게 마주한 선묘線描
비늘 돋친 물고기가
모진 삶을 말해주고
옹글게 엮은 넝쿨무늬가
올찬 마음을 전하는데
지친 영혼에 온기 퍼지듯
휘둘린 호방이 정겹게 느껴지는
국립중앙박물관 304호실
학봉 석봉 오가며
흐르던 정기가 손끝에 전해오고
성근 몸을 물레에 실으면
닫힌 경계가 소르르 풀어지고
굳은 사유가 슬며시 무너지며
마음은 머~얼리
구름 날개 휘감으며
동학東鶴 을 넘는다

사랑하리라

아무렇게나 대지 위에 던져 놓고
아우성의 몸짓을 흐뭇하게 바라보는 신보다
거친 욕망 안으로 감싸며 고개 숙인
들꽃의 푸른 이마에 입 맞추리라

바위에 새긴 계명을 가리키며
심판의 날을 헤아리는 신보다
두 손으로 아침 햇살을 모으고
이슬을 노래하는 풀잎의 입술을 기억하리라

천상의 계단에 제물을 올려놓고
소리 높여 찬송을 바라는 신보다
어둠 속에서 한 줌 소망도 없이
먼 빛이 되는 등불을 노래하리라

뉘우침을 확인하고
따르는 자만을 사랑하는 신보다
모든 것을 보듬고 제자리를 맴도는
먼 바다를 한없이 안아보리라

높은 권좌에 앉아 말없이 굽어보며
은총의 기도를 기다리는 신보다
쉼 없이 낮게 임하는
저 강물의 마음을 되새기리라

천둥 번개 내리치며
잊지 말라 기억하라
외치는 신보다 하늘 붉게 물들이고
하루를 마감하는
저녁노을을 사랑하리라

시선

바람도 외돌아가는 산허리
굴피 엮어 독락당을 짓고
사계절을 무시로 넘나들면서
참선 수행하는 사람이 있다

먼 성지를 향하여
오욕을 묶고 자신을 버리고
일보일배로 오체투지하면서
순례의 길을 걷는 사람이 있다

참회하고 기도하며
낮게 낮게 덜고 비우면서
티 없는 믿음으로 오롯이
하늘의 말씀을 행하는 사람이 있다

베푼 마음 내려놓고
넘친 사랑 소리 없이 돌려주면서
상처 받은 영혼을 위해
자신의 영예를 자신의 이름을
뒤로 하는 마음길이 있다

시선!
생각하고
행하는 것은 각색이지만
참이건 거짓이건
바라보는 곳은 다름이 없으리라

아름다움

1.
살랑거리는 물바람
은은히 번지는 은물결
강섬 흘러가는데
반짝이는 물껍질
춤추는 산그림자

꾸밈없는
한 묶음 고요

2.
아스라이 산마루 길
얼굴 내민 꽃부리
청낭자 쉼 없이 맴돌고
겹겹이 어우러진 산봉들
아득한 여인의 속살

산내음
말없다

3.
묵은 단청 일주문
꽃살문에 머문 햇살
고목처럼 서 있는 산신각
향초 살 에는데
수그린 할미보살

골물소리
단정하다

4.
한줄 수평선
앙가슴 여미는 해변
슬금 내밀은 밀물의 하얀 손
물마루 붉게 물들이며
아~ 밀려오는 까치놀

손잡은 연인
여울진 눈빛

삶

1.
잘하고 있다고
오늘도 잘 지냈다고
내일은 더 나아질 거라고
살짝
으쓱거리는 것

사랑한다고
사랑할 수 있다고
어찌 못할 운명이라고
넌지시
거짓말 하는 것

몸부림 해보건만
마저 무거우면
살그미 돌아앉아
휘파람
길게 부는 것

2.

돌아가는 길 없으니
들숨 날숨
열심히 주고받으며
살아야 한다

지름길 없으니
왼 발 오른 발
서로 북돋우며
걸어야 한다

한 시절 꿈이라고 하기엔
삶,
너무 생생하다

업

몸 받아 세상을 보고
의식을 얻어 뜻을 알았으니
이제 축복의
업을 거둬야 할 시간

하늘에 던진 머쥽은 미소와
덧없이 어울린 인연들
살며시 풀어 놓고
이제 자유의
업을 받아야 할 시간

어느 하늘이 매임이 없으며
어느 하늘이 막힘이 없을까
모른 듯 받았지만
아는 듯 벗어 놓고
움츠린 날개를 활짝 편다

불복

마음 가는 대로 시늉하던 몸이
멈칫하며 고개를 숙인다
세상의 이치를 먼저 배워
일깨운 은혜를
어찌 잊겠는가마는, 지금
너의 이유 있는 망설임이
새삼 당황하게 한다

예정된 불복인 줄 알았건만
아직은 낯선 몸짓이 불현듯
설움으로 다가오고
늙음의 지루함이
새벽처럼 올 줄 알았지만
어찌하랴! 아직도
묵은 인연 매어있음을

지천명

1.
내 하늘은 높지 않으나
바람 쉼 없고
내 마음은 넓지 않으나
햇살 가득하다

꽃 피면 꽃이 되고
바람 불면
앞서 바람 된다
강물 순하게 흐르고
대지 무릇 푸르다

2.
생이 바람이란 걸
상갓집 오가며 명명하게 익히고
머문 시간도 허무란 걸
희미해진 기억 되새기며
모질게 복습한다

애락은 갈잎의 노래
이마에 갈매기 길게 나는데
타다 남은 가슴은
마른 입술을 깨문다

3.
어둑해 진 눈은 멀리 보라하고
슬금 빠져버린 이는
더 이상 탐하지 말라는 것

두 귀는 먼 나들이 주저하고
오그린 육신은
제 살 맞게 행하라는 것

허허거리며 생각 없는 입술은
여전히 발길 재촉하는데
맴도는 생각은
받은 것 오롯이
세상에 돌려주라는 유언

4.

가던 길 멈추고
갈잎에게 묻는다
어디서 왔는가?
· · ·
다시 묻는다
어디로 가는가?
· · ·
하늘 바람 속삭이더니
점점이
내려앉는다

5.

하늘의 뜻을 알 듯 하였으니
몸에 담으면 되겠지만
옛 것을 탐하는 몸은
제 생각을
슬며시 내미는데
오늘도 곰곰이 지켜본다

2부

화암사花巖寺

꽃바위 얼레지
늙은 복수초
산문은 어디 가셨나

솔바람 따라
골물 흐르고
도솔천 오르는 물사다리

하늘 다시 열리고
꽃비 내리는
불명산 우화루雨花樓

은유의 저편

풀잎에 머문 들빛
풀린 듯
색을 모으고

먼 산 안은 물그림
머문 듯
몸을 푸는데

생각 여미는 마음도
물빛 스미듯
그러했으면

산문에 머문 산빛
합장하며
소리를 모으고

먼 바다 오가는 기러기
힘겨운 듯
나래를 접는데

시어 담는 손길도
살빛 생기롭듯
그러했으면

예불 2

깨달음이
주고받는 것이라면
다소 늦은 듯하지만
주신다면 이젠,
두 손 모으고 받으오리다

이왕 베푸시려거든
아쉬운 듯 마시고
옜다 받아라! 하고 주소서
받은 듯
감추오리다

길

산길 걸으면 안다
오름이 내림이라는 것을
철 따라 색은 변하고
목숨은 쉼 없지만
오가는 일이 바람이라는 것을

들길 걸으면 안다
시작도 끝도 길 위에 있고
스치고 머무는 인연 속에
하루하루 성숙해 진다는 것을

이름 없는 것들이
희망을 주고
알 수 없는 것들이
꿈을 갖게 하는 세상

숲길 걸으면 안다
먼 하늘 바라보며 초록 세상 만들고
한 계절 머물다가
물길 따라 내려온다는 것을

덕유를 오르며

내 죽어, 어느 하늘 아래
기쁨을 먹고 산다면
반야봉에서 만난
산꽃의 미소를 기억하리라

세상 푸르게 고요할 때
내민 손등에 사붓이 앉아
좋아라, 좋아라 하는
달빛의 속살을 생각하리라

내 죽어, 푸른 어둠 아래
슬픔을 먹고 산다면
도솔천 오르는
은어의 은빛 날개를 회상하리라

어둠에서 어둠으로 가는 길
반짝이는 그 떨림
쉼 없는 그 건들거림
물살의 어깨를 후리며 노래하리라

사랑의 길

하늘길 오가는 꽃구름처럼
사랑은 길 없는 길이지만
한마음에 머물면
봄날 골물 흐르듯
꽃피고 열매 맺으리라
꽃산 오르며 환희의 노래 부르고
저문 강가에서 격정의 춤을 추면서
행한 만큼 기쁨 있겠지만
행한 만큼 외로움 깊어지거늘

영원은 하늘의 노래
불변은 바람의 합창
흐르지 않는 강이 어디 있으며
출렁이지 않는 바다가 어디 있으랴
바람꽃 따라 사랑이 흘러가면
이별의 이름으로 지우지 말고
삼월의 노래를 부르라
새싹 돋아나듯
또 다른 인연이 찾아올 것이니

젊음에게

숲의 요정이 손을 내밀고
구름 골짜기가 발목을 잡을지라도
굴절 없는 열정으로
터벅터벅 산정에 올라서서
생의 축복에 감사하며 환희에 잠들지 말기를
올라야 할 것이 어찌 산뿐이랴?

인연의 상처를 안으로 어르며
헛된 사념에 머물지 말기를
궁한 손길을 외면하지 말고
동행의 외로움을 기꺼이 즐기며
손에 손잡고
푸르게 푸르게 흘러야 하리
흘러야 할 것이 어찌 강뿐이랴?

숨을 곳 없고
목적 없인 헤어날 수 없는 곳
선현의 말씀을 북천에 새기고
타는 갈망을 돛대에 동여매고서
젊은 악령과 홀로 맞서

홀로 승리하기를
건너야 할 것이 어찌 바다뿐이랴?

하늘에 매이지 말고
두 발로 대지를 굳게 딛고서
일렁이는 분노도
주제 없이 흐르는 눈물도
온몸으로 꾹꾹 눌러야 하리
넘어야 할 것이 어찌 젊음뿐이랴?

사랑의 무덤

가슴에 새긴 상처를
애만지며 서러워마라
하늘 바람이
환하게 지울 것이니

돌보는 이 없는 그 어둠을
어떤 이는 추억이라 하고
어떤 이는 숙명이라 하지만
알고 보면 산 자의 무덤

문득 그리움이 절룩거리며
슬며시 외돌아가고
외로움 하나
뚝~ 떨어지지만
종이학은 날 수 없으니

인생도 알고 보면
죽은 자의 무덤 위를 서성이다가
제 그림자 밟으며
사는 것이 아닌가

산까치 길게 우는 날
무덤가를 기웃거리다가
휙~ 잡아채는
그 분노, 그 애증
꽃봉으로 터진다

몸의 말

나를 휘둘러
네 욕심 다 채우지 못하고
나를 짓눌러
네 욕망 다 얻지 못했겠지만
언제 너와
내가 하나인 적 있었던가

때론 너의 부드러운 입술에
내 눈물 흘리고
때론 너의 삽삽한 소리에
내 또한 미소로 답하였거늘
엇갈렸다고 멈춘 적 있었던가

천겁을 돌아
너에게 잠시 머물러 있지만
내 너를 온몸으로 사랑하였거늘, 허나
궁금하여 묻는다
너는,
나를 사랑한 적 있었던가
내 마음을...

어디서 왔는가

온 누리 맴도는 바람
어둠을 곰곰이 지켜보는 잔별들
창조물이라면
기름진 허무의 입을 막고
하늘 향해 손 모으며
더 겸손해야 하리라
다른 선택이 없으니

철썩이는 갯바위
물때 따라 바쁜 고동소라
진화물이라면
대지에 입 맞추며
사랑에 사랑을 더하고
더 진하게 살아야 하리라
또 다른 선택을 위하여

혼돈

태양도 언젠가는 한 점이 되고
오늘도 우리 은하는 쉼 없이 어둠을 달려
먼 훗날 안드로메다에 이른다는
젊은 천문학자의 예측에

내 몸 안에 태고의 선조가 살고 있고
내 손가락이 먼 바다 오가는 범고래 지느러미와
아침 창가 오가는 산새의
날개를 닮았다는 고생물학자의 말에

계절 없는 사랑도 진화의 산물이며
내 유전자를 세 아들이 반씩 물려받았고
또한 불멸하다는
진화론자의 완고한 주장에

이 시대의 문화도
순환의 한 마디이며
이내 시간의 뒤안길로 저문다는
문화인류학자의 거듭된 진술에

생은 단지 한번이라는 신념과
돌고 도는 육계를 넘어서라는
믿음의 간극 사이에서
한 줌 의식으로 해를 구하려는
눈 맑은 고행자의 고뇌에

이 행성에 머물렀던 기억을
되새길 수 있을까하는 의혹을 감싸 안고
빈 잔에 꽃술을 채우며
허튼 소망을 담아 본다

어느 날 하늘이 넉넉한 손 내밀어
잠시 돌아볼 틈을 준다면
부디 반쯤 웃게 해주소서
이즈음 반쯤 알고 계실
선친의 마지막 미소처럼

동자꽃 순정

먼동이 뜰 무렵부터 수상스러웠다 오늘처럼 구름 한 점 없는 맨 하늘은 참으로 난감하다 산 그림자 걷히면서 서서히 모습을 드러낸다 몸 끝에서 따스한 온기가 전해온다 실바람 안고 이리저리 몸부림해 보지만 그 짜릿한 전율에 중독된 지 이미 오래이다 그의 언어는 하얀 침묵 심장을 향해 묵묵히 흘러들어 온다 단호한 몸가짐 흔들림 없는 열정 닫힌 육신이 하나씩 열리고 두려움은 저편에 내려앉는다 붉은 혀가 입술을 깨물기 시작하면 이슬 젖은 육신은 흔적 없이 사라지고 부끄러움도 수줍음도 환희 속으로 침몰한다 하늘이 환하게 열리고 수없는 잔별들이 쏟아지더니 꽃불 하나 유유히 강물 따라 흘러간다 오랜 기다림의 오르가슴 나는 나를 포기한다 한결같은 순수 정열 제 몸을 불살아 아낌없이 주는 사랑 나는 해맑게 다시 태어난다

해후

세상은 오묘한 노래
유무有無가 춤추고
이기理氣가 앞을 다툰다
경을 읽으면 선악이 갈리고
광장은 여전히 아우성
아침을 지키는 까마귀는
또 말없이 날아가고
틈 비집고 나온 서푼 깨달음도
한낮 환영의 그늘이거늘
몸은 서녘으로 기우는데
너무 서성인 것은 아닌가
너무 기다린 것은 아닌가
긴 그림자 앞장세우고
두서없이 해진 마음 챙겼건만
얼마를 더 가야 만날 수 있을까

지나 보면

만나고 헤어짐도
단 하나의 사람을 위해
단 하나의 사랑을 위한
것이다

사랑학개론

1.
꽃길 거닐며 꿈꾸던 사랑
갈잎 소리 들으며
묻는다
언제 그런 사랑 있었던가

2.
사랑의 씨앗은 자유
여여한 발길로 꽃피우고
돌탑의 유유한 손길로
열매 맺는다
그리고
아침 숲길의 소요와
저녁 강가의 고요를 거닐면서
때론 가쁜 외로움에
서걱거리는 갈대의 노래

3.
잡으면 멀어지는
손 안의 바람꽃
다가서면 사라지는
가을 숲 안개

멀리 가득한 꽃구름처럼
만지면 흩어지는 물그림처럼
피고 지고
돌고 도는
들꽃 같은 영혼

사랑은
안에서 돈다

4.
셈 하면 꽃은 이내 시들고
안으로 넘치면
열매 맺을 수 없거늘

된서리 내리듯 꽃봉 떨어지더라도
슬퍼하지 마라
사랑은 불멸의 술이지만
사람이 변한다
사랑은
사람의 일이다

5.
오늘의 삶을 위해
쉼 없이 넘어져야 했듯이
상처 없는 사랑은 없다
상처뿐인 사랑도 없다

한 길을 가기 위해
다른 길 잊어야 하듯이
아픔 없는 이별은 없다
아픔뿐인 이별도 없다

6.

뿌리 없는 열정은
제 풀에 꺾이고
이유 없는 헌신은
제 몸에 지친다

성숙한 사랑은
들녘 감도는 가을 강의 노래
완전한 사랑은
아침 창가에 머문 햇살

지나 보면
한 마음도 가득하고
한 사랑도 벅차거늘

7.

사랑은 이만큼도
저만큼도 아니다
보이는 것도

숨은 것도 아니다
오가는 마음이 여울져 흐르면
거닐던 들녘 손잡은 숲길
그리고 돌아본 뒷길에서
사랑은 숨 쉰다

사랑은 홀로 사랑이며
사랑은 오롯이 존재한다
지금,
그리고 진행형으로…

8.
한 사람 옆에
나란히 서는 일이
그리 쉬운 일인가

두 사람 함께
손잡고 걷는 일이
그리 간단한 일인가

한 마음으로
생명 다하는 일이
어찌 만만한 일인가

9.
한 시절
맘 가는 대로 떠돌더니
어느새
몸 가는 대로 흘러간다
몇 계절 거닐다가
욕계 색계 넘나들더니
몸 떠나고
마음 한 자리
한 송이
꽃 고요하다

3부

만산일화萬山一花

붉나무 그림자도
붉어지는 계절

들꽃 산꽃
피고 지도록
묵묵했던 잎새들

기다림의 갈망이
붉게 물들어
만산이 꽃이 되었다

애증

눈빛으로 만나
물빛으로 스미는 사랑도
때론 무겁다

달빛에 물든
구름 같은 사랑도
간혹 아프다

청청 하늘도 흐트러지고
유유한 대지도 흔들리거늘
머문 생각 어둑하면
고요히 머물자

한 생각 접으면
또한
사랑 아니던가

여로旅路

해 뜬 자리
달이 떴다

춤추는 물비늘 사이로
달 노래 은은히 흐르는데
젊은 아우성 잠잠하고
늙은 욕망은 묵묵하다

그래 별일 있었던가
해는 여전히 열열하고
달은 다시 차겠거늘
그래 별일 있겠는가

얽힌 대로 묶인 대로
들먹이며 요동치며
흘러온 듯 흐르다가
무심히 멈추지 않겠는가

달 뜬 자리
구름 환하다

청낭자

– 친구의 슬픔을 함께하며

꽃봉 가득한 촛불이었던 사랑을
기약 없이
보낸 적이 있나요

잡은 손 스르르 풀리며 차갑게 식어가는 사랑을
눈물 없이
안은 적이 있나요

꽃봉을 오가던 청낭자
지울 수 없는 환영을 남기고
가을 하늘 넘어가네요

아침 햇살에 화상처럼 데인 애증의 밤을
하염없이
말려 본 적이 있나요

해님도 손뜨거워 얼굴 감싼 침묵 속에서
어린 사랑과
마른 눈물을 나눈 적이 있나요

다음엔
사랑 없는 세상에서
눈물 없이 만나자고 애원하던 청낭자
가을 하늘 넘어가네요

슬픈 명상

얼굴 환하게 화장하는 것이
속살의 속마음이라면
그 꿈조차 빌릴 수 없는 아이들에게
무슨 말을 할 수 있겠는가

봄날 초록향과
가을 하늘 여백을 이해하지 못하는
무계절의 삶에게
어떤 위로를 할 수 있겠는가

모래바람으로 아침을 맞이하고
선바위에 기대어 저녁노을 바라보는
외딴 섬 소라의 삶을
가로등 불빛 아래에서
어찌 상상할 수 있겠는가

세상의 가락이 몸의 노래와 갈리고
시대와 어울려 흐르지 못한 채
또 하루를 보낸
가난한 마음들에게 박수를 보내자

살아있음은 가없는 행복
나눌 사랑 있다면 지극한 축복
잠시 셈하는 손길을 멈추고
생심 가득한 입술을 묶고
오늘밤은 사랑의 노래를 부르자

삶의 뒤안길에서
오늘의 절망을 만지작거리며
내일의 희망을 기원하는
우리들의 영혼을 위해…

먼 가을날

빛바랜 가을
투박한 갈잎 소리를 들으며
이 하늘을 순하게 마주할 수 있다면
더듬거리며 지나온 계절을
무딘 손으로 헤아리며
삶의 숨결에 감사하리라

꽃담 아래 도란거리는
아이들의 웃음소리 맑게 들으며
한 시절 멋 부린 열정과
허기진 몸부림을 느린 손길로 다독이고
설익은 아쉬움과 그 주위를 맴도는
늙은 절망도 가벼이 용서하리라

갯바위 올라서서
까치놀 품으며 다짐했던 맹세와
그 희망을 쪼아대던 갈매기들도
다스한 영혼으로 감싸 안으리라

귀 해진 시집을 펼쳐 들고

모퉁이 메모를 되새김하며
한없는 시간여행을 떠났다가
속절없이 빗나간 웃음도 지어보리라

굽이굽이 떠오르는 얼굴들과
속 맑은 미소를 길게 들이마시며
빈 하늘에 빈 몸
살포시 펼쳐 놓고
또 하루를 마감하리라

맛과 멋 2

맛이 손길이라면
멋은 눈길이다
맛이 소리라면
멋은 침묵이다

받는 사랑이 맛이라면
주는 사랑은 멋이다
맛은 마주 바라보는 것이며
멋은 간혹 뒤돌아보는 것이다

맛에 사는 사람은
맛을 멋으로 알지만
멋에 사는 사람은
멋을 맛으로 안다

머무는 것이 맛이라면
흐르는 것은 멋이다
맛은 여기에 있고
멋은 저기에 있다

가을 색

잎갈나무에 둥지 튼 처녀까치가
은빛 햇살 따라 아침을 가르며
허공에 그려 놓은 색

떨어질 듯 둘둘 말린 나뭇잎이
살포시 내려앉으며
마른 하늘 바라보고 내미는 색

늙은 고욤나무 사이로 신월이
가을 산을 넘어가며 아쉬운 듯
하얀 미소 머금은 색

옛 생각에 맘 기댈 곳 없어
꿈틀거리며 요동치다 못내
제 풀에 죽어 잔잔해 지는 색

첫서리처럼 다가와
하얗게 온몸을 적시며
그리움을 그립게 하는 색
그런 색

회상 1

꿩의다리 사이로
고개 내민 뻐꾹나리
슬며시 어둠의 얼굴을 걷어내고
여린 꽃봉을 허공에 말린다

섬섬히 빚은 환희는
하얀 고요 속에 익어가고
여우비 사이로
뻐꾹 소리 높이 날아가는데

새벽을 오가던 푸른 꿈은
해진 몸을 도닥이며
어느 산천에서
성글은 추억을 말리고 있는가

* 꿩의다리 : 미나리아재비목 미나리아재비과. 꽃은 6~8월에 흰색 또는 연홍색의 산방꽃차례로 핀다.
* 뻐꾹나리 : 백합목 백합과. 꽃은 7-8월에 산방꽃차례로 핀다.

회상 2

청춘 흘러간 지 오래건만
칠정七情은 아직 푸르고
마음은 돌고 돌았다
생사의 껍질은 여전히 단단하고
세상의 노래는 아직도 낯설어서
날개 잃은 상념들이
길목마다 길게 널려있다

주검 보는 일도 이젠 익숙해져
슬픔도 둥지처럼 따스한데
바람꽃 같은 내일은 진종일 칭얼거리고
어제 같은 오늘은 철없이 거칠어서
사람아 사람아
궂은 비 내리는데
논두렁 다져야겠다

추일연정 1

사무친 풍상을
어찌어찌 견디었나

산마루 달 오르듯
붉어진 홍시

박새가 재재거리며
옛사랑을 부르네

추일연정 2

아무도
찾는 이 없는
미명美名의 꽃길

한시도
잊은 적 없는
무명無名의 상흔

길 잃은 옹달샘
눈 감으면
목 긴 노루 서성거리는

도덕경을 읽으며

첫걸음 뒤뚱거리는데
오천 걸음 어찌 가겠는가
삿됨 가득하여 발길 어둑하고
욕됨 넘치는데
청향 어찌 느끼겠는가
남풍에 기울다가
북풍에 휩쓸려가고
행인은 강 건넜는데
젖은 몸 안고 있으니

한 생각 안으면
다른 생각 토라지고
두 마음 모으면
묶인 마음 엉키는데
호기浩氣 담은 마음들은
헤치는 재미있겠지만
이리저리 꿰매어도
통나무樸 썹는 소리
길목마다 가득하네

강물은 매무새 뽐내지 아니하고
바람은 헛된 생각 여미지 아니하니
멋대로 움튼 온갖 것들
텅!
내려놓으면
그것으로 족하려나
복건 쓴 할아버지 묘한
미소 머금고 경 속으로 돌아가신다

순응

열리지 않으면
순하게 돌아가고
보이지 않으면
살며시 눈을 감는다

저 멀리 날아가면
잡은 듯 놓아 주고
안으로 넘쳐흐르면
이내 덜면 될 것이다

풀리지 않으면
넉넉히 덮어 두고
살아 깨달음 없으면
다음 생에 이으면 되겠거늘

몸 떠나고
욕된 마음 흐트러지면
새삼
가볍지 않겠는가

생명은 흘러간다

하루를 엮는 묘묘한 움직임들
쉼 없이 생동거리며
부르는 듯 외치는 듯
온몸으로 뜻 모를 아우성 감싸 안고
엉키고 풀어가는 공간
머문 생각에 겹쳐진 생각들
고요와 동요 사이를 떠돌며
쓸쓸하게 허허롭게
때론 생기롭게 한 송이 꽃 피우고
모진 삭풍이 한 세상 휘감고
매몰찬 혹한이 한 시절 덮을지라도
햇살에 물안개 걷히듯이
아무일 없다는 듯
굼틀거리며 다시 흘러가는
이 환장한 경이로움!
어찌 멈춤이 있겠는가

4부

만산백설萬山白雪

천지는 한 몸으로
만상을 몰아치고

북풍은 시샘하듯
가락을 휘젓는데

산새는 시린 발을
호호 불며 날아가네

삼동한일三冬閑日 1

세작은 순하게
마른 몸을 풀고
회상은 녹향에 젖는데

동창을 기웃하던
백산白山
묵향을 그린다

삼동한일 2

묵언의 염원이
입술의 소원을 아우르지 못하고
견성의 열망도
배고픔의 소망을 달래지 못하니
모난 돌 이리저리 뒹굴며
제 몸 닦아가고
방아소리 한 시절 떠돌며
붉은 산 넘어가거늘
툇마루에 턱 괴고
육갑六甲 헤아리는데
몸은 일없다고
베틀노래 부른다

어둠의 고요

어둠이 밝아오고 있다
무상無相의 길이 열리고 있다
만상이 어둠에서 피어나듯이
우리 또한 어둠의 피조물이 아닌가
눈을 얻어 빛을 보고
의식을 빌어 의미를 알았으니
어둠의 길도 무릇 열릴 것이다

어둠이 엮은 그 고요의 심상들은
그저 맑아서 슬프다
어둠의 손을 살며시 놓고
뒤편으로 달려가곤 하지만
돌아오는 길은 항상 미천하고 수참하다
남루한 우리를 말없이 안아주는
어둠은 아득한 어머니의 품

네게로 가는 길도
내게로 오는 길도
어둠의 고요로 돌아가는 길
무념의 고향으로 귀의하는 것이다

빛이 몸의 길이라면
어둠은 마음의 길
욕된 마음을 벗으면
고요한 어둠이 밝아질 것이다

어머니의 마지막 노래

내 몸을 열어 너를 안았을 때
내 혼은 흰 날개를 펼치며
먼 하늘을 바라보았지
거친 시간이 내 삶을 밀어낼 때에도
난 아픔 잊은 강물이었고
저문 강가에서 남몰래 내 꿈을 손질하며
너의 푸른 돛대 위에
내 삶을 걸어놓았거늘

먼 바다로 떠나는 너를 배웅할 때에도
내 웃음은 뒤란에서
목울대를 움켜주고 있었으니
누가 아픔이라 했는가
애달은 숨결이 내 사랑인 것을
누가 어둠이라 했는가
외마디 고동소리가 내 기쁨인 것을

내 사랑이 낯설어 걸림이 있었다면
용서하거라
내 인생도 낯설었으니

내 사랑이 손설어 목마름이 있었다면
또한 용서하거라
나 또한 목말랐으니

사랑으로 와서 사랑으로 가지만
너 또한
사랑의 손짓에 답해야 하리라
사랑보다 맑은 하늘 없으며
사랑보다 넓은 바다 없거늘
아, 애달은 꿈이여!
아, 못 잊을 향이여!
내 어머니의 고향이 나를 부르니
이제 내 몸을 닫아 너를 보낸다

거미 일기 1

시간을 세워두고
모퉁이 세상, 묵언수행

무한을 즐기는 저 형상은
진화의 꽃인가 열매인가

속내가 궁금하여
툭~ 던진 물음표

둘둘 감아 허공에 매달고
다시 도립명상

너와 내가
다름이 있으랴

거미 일기 2

침묵의 강을 넘고
명상의 숲을 지나

대지에 드러누운
허공의 고행자

맨발의 당찬 개미들
영차하며 끌고 간다

어린 박새

눈 깜짝할 새 였다 창틈에서 움츠린 채 아침을 맞은 어린 박새를 집안으로 데려온 것이 어긋난 운명이었다 어미 새는 바람처럼 날아가고 밤새 굳은 어린 몸을 녹여주고 먹이를 주려 한 것이 잘못된 인연이었다 정말 눈 깜짝할 새 였다 손안의 따스함에 어느새 기운을 차렸는지 날갯짓하며 뛰쳐나가 낯선 방을 맴돌더니 돌연 눈꽃 비치는 유리창을 맨몸으로 돌진하다 바닥에 추락한다 황망한 마음에 손안에 다시 쥐고 안절부절 해보지만 혼 떠난 육신은 차갑게 말이 없다 저 어린 것이 첫눈처럼 사라졌다 동면하던 슬픔의 잔영들이 한꺼번에 떠오르고 죽음으로 돌아온 사랑은 입을 꾹 다문다 유난이 맑은 햇살 한순간에 생사의 경계를 생생하고 감창하게 보여준 아침을 창밖으로 던진다

무한 가능

신을 모르던 시절
인간은
불가능이 없었다
신이 없으니

신을 알게 된 지금
인간은
불가능이 없다
신의 이름으로

절망의 서

절망은 희망의 꽃
연옥보다 뜨겁고
얼음 동굴보다 차디찬 절망을 달라
절망의 젊은 피를 달라
아무도 스친 흔적 없는 그 암흑의 길에서
순한 목숨 되감으며
다시 태어나리라

절름거리며 뒷길 좋아하는 절망보다는
분노의 분노에 제 숨통을 깨물며
아침엔 마른 고독을
저녁엔 질긴 좌절을 먹고 사는
푸른 기운 넘치는 절망을 달라

안락의자여 이제는 안녕
가을 들꽃이여 저녁노을이여 이제는 안녕
가시덩굴이 해진 지붕을 뒤덮고
방안 가득 허무의 노래가 춤추는
온통 절망뿐인 절망
절망의 신도 포기한 절망을 달라

일없이 몰려다니는 절망이 아니라
모진 모욕을 홀로 이겨낸 절망
오만과 무지로 뒤뚱거리는 절망이 아니라
깨달음도 벗어버린 절망
죽어도 죽지 않는
목숨 질긴 절망을 달라

지독한 절망은 지극한 희망
그 절망과 정오처럼 대면하고
그 붉은 피를 뿌리에 적시며
사랑의 꽃봉을 피우리라

오독

득오했다는 어느 수행자의 면목은
환한 듯 가득하여
잘 여문 아상이
눈가에 여울진다

천명을 받았다는 어느 성자의 말씀은
맑은 듯 탁해서
외다리 건너듯
행간을 오가기 아슬하다

왕대로 뒷담을 두르고
꽃담 아래 홍매를 가리키며
성현의 말씀을 몸으로 전하는 도인은
머금은 미소에 생심 그윽하다

어스름 저녁 무렵
바구니 행상을 마치고
흐트러진 치마 여미는 할미
그저 맑아서 곱다

묵을수록 오만해진 심안心眼
무릇 한눈에 보이거늘
깨끗한 오독으로…

고독

청까마귀 맴도는
하늘 끝자리
독좌에 앉아 오름길 내려놓고

붉은 호랑이 제 눈 후비는
길 잃은 범골
석좌에 앉아 산문 봉해 버린

제 입 막아 버린 시간을 도닥이고
제 눈 먹어 버린 허공을 후리면서
흐트러진 삶을
주섬주섬 모으는 시간

명상록

1. 바위
내 몸은 자라지 않는다
빗물이 뿌리를 적시고
된바람이 들썩이며 일으켜 세울지라도
나는 더 이상 자라지 않는다

바람이 물어다 준 홀씨 하나
틈새에서 몸을 틀고
푸른 이끼 이불처럼 덮어주었건만
내 심장은 굳어 있으니
내 몸은 더 이상 따뜻하지 않다

하늘이 눈 가시처럼 궁금하여
불칼 내려치던 날
내 몸은 사방으로 뒹굴고 흩어졌지만
풀잎이 감싸고
대지는 나를 품어주었거늘

몸이 자라지 않듯이
생각도 자라지 않는다

나는 고독을 모른다
나는 존재를 모른다
그저 있을 뿐이다
시간을 어르면서

2. 산
풀씨들 절로 찾아와서
스스로 꽃피고 열매 맺으며
세상 물들이건만 나는
한 줌 사랑도 주지 않았다

벌 나비 어우러지고
산새들 둥지 틀면
때론 바람이 살며시 졸다가 가고
가끔 구름 내려와 머물다 갔지만
나는 사랑을 받지 않았다

사람들 열심히 길을 만들고
산마루에 올라서서 외치고 갔지만

나는 아무말 하지 않았다
나를 허물 수는 있지만
가져갈 수는 없으므로

나는 욕망이 없다
욕망 없으니 사랑이 없다
오직 남은 사랑 있다면
오늘을 내일처럼
온몸으로 사랑할 뿐이다

3. 강
나는 배움이 없다
배움이 없으니 지식도 없다
나는 셈법을 모른다
셈을 모르니 세상을 알지 못한다
나는 오로지
한 가지 원칙만을 따른다

모든 것을 감싸면서
막히면 머물고
가득하면 새 길 만들며
앞서고 뒤서면서 한 몸으로
오늘을 흘러간다

나는 하나의 세상만 생각한다
어머니의 바다!
그것으로 가득하다
그것만으로 벅차다
나의 운명이다

4. 나무
나는 입이 없다
입이 없으니 소리가 없다
내 아버지도 내 아버지의 할아버지도
그러했다
침묵은 나의 자존이다

온갖 생명들 내 몸을 어르고
산바람 골바람 온몸으로 애무하건만
그저 흔들릴 뿐
난 아무말 할 수 없다

씨뿌리 내리고
오늘도 쉼 없이 수액 올리면서
비바람에 꺾인 몸 애만지고
해진 마음을 위로한다

나는 내일이 없다
내일이 없으니 헛된 소망도 없다
조상이 물려준 유일한 유산
침묵하라, 영원히
나는 죽어도 말없다

5. 생명

생명은 이유가 있다
있음의 이유가 있으니

없음의 이유도 있다
울림소리 무성하건만
실로 아는 이 없다

어떤 생명은 한순간 머물다가고
어떤 생명은 생각을 여미면서
시들시들 사라져간다
같은 색이지만 겉모양 다르니
여기저기 물음표 가득하다

살며시 둥지 튼 의식은
제 하늘을 만들고 이내
바람의 과거를 알았지만
어떤 이는 새장에서 기르고
어떤 이는 주머니 속에 넣고 다닌다

생명은 목적이 있다
서로서로 몸과 마음을 이으면서
엮어가는 사랑
사랑의 진자리, 어머니!
오~ 불멸의 꽃

포 에프 (For F.)

멀리 선도산이 보이고
넌지시 굽어보는 삼존불의 불향을 느끼며
심초석 하나 옛터 지키는
황룡사지를 걷습니다

층층이 바람길 막고 울리던 풍경 소리
손 모으고 불심을 엮어가던 염불 소리
반천년 넘도록 불국의 등불이었던
잊혀진 목탑을 떠올립니다

수십 년 서원으로 쌓았건만
환란의 겁화에 속절없이 무너졌으니
오는 길 가는 길 다르듯이
엇갈린 불연을 어찌 하겠습니까

금당의 주춧돌이 경계를 알리고
머문 시간 속으로
옛 그림자 밀어 넣으며
늙은 감나무는
다시 겨울바람 앞에 섰습니다

마지막 순례

계절 없이 새벽 강가를 거닐고
갈봄 없이 외진 산길을 오르내렸다
허물어진 도요지를 오가며
사금파리에 새겨진 백학을 어루만지고
귀 나간 옥개석이 흩어진 폐사지에서
덧없는 시간의 속살을 애만졌다
여기까지 온 것도 가없는 축복
둘러보면
애절한 영혼들 얼마나 많았던가
깃발 앞세우며 정처 없는
영혼들 또한 어디로 흘러가는가
불현듯 이유 없는 목마름
이내 멸하면 만날 수 없으니
빈 손 툭툭 털며
마지막 순례를 떠난다
행선지 모르고 아는 이 없는
안으로 가는 길
가다 보면 홀연 머물지 않겠는가

□ 후기 : 시를 다시 엮으며

생각이 깊게 들어와 오래 머물다 간다. 시간을 세워 놓고 물었더니 반쯤 고개 젖으며 잰걸음으로 제 갈 길 서두른다. 헤어짐은 여전히 서툴다. 비록 미물일지라도 옹골차게 하루를 사는 생명들을 보면 참으로 경이롭다. 뒤돌아보는 습성이 없다면 이리 어렵지는 않았으리라. 강을 만나면 거룻배에 몸을 얹어 건너고 산을 마주하면 마디마디 긴 숨 몰아쉬고 묵묵히 넘으면 된다.

몸으로 사는 일이 쉬울 순 없겠지만 오가는 계절에 몸을 길들이고 세월에 마음을 순하게 포개놓으면 될 것이다. 허나 하심이 그리 쉬운 일인가. 먼 길을 걸었다. 걸은 만큼 삶이 얼룩져 있다. 길을 걷다가 마주하는 어린 아이의 얼굴을 우두커니 쳐다본다. 저 맑음은 대저 어디서 오는 걸까.

바람의 손을 만든 이를 만나고 싶다. 강물에 영혼을 불어 넣은 이의 마음을 알고 싶다. 어둠에서 밝음까지, 없음에서 있음까지 그리고 순환하는 그 수레바퀴의 허공을 한번 만져보고 싶다. 이제 한 생각 접고 절망과 망각을 알게 해준 신에게 감사한다. 그리고 그것이 또 다른 희망이며 새로운 기대라는 것을 일깨워 준 신에게 감사한다. 얼마나 지고한 베풂인가.

만물은 흘러온 듯 흘러가건만 둥지 튼 의식은 고인돌처럼 미동이 없다. 몸은 이편에 있고 마음은 강 건너에 있다. 틈 사이를 유유히 강물이 흘러간다. 불편함도 습관이 되면 일상이 된다. 매인 생사는 반쯤 풀었건만 늘어 논 인연이 발목을 잡고 있다. 다시 마음을 어르고 몸을 다독이며 걷는다. 삶은 사랑이다. 사랑이 희망이다. 받은 사랑에 감사하고 감사한다. 어찌 한 올도 잊을 수 있으랴.